やさしいバナナのお菓子

Banana Sweets Recipes

若山曜子

誠文堂新光社

はじめに

バナナは、不思議なフルーツ。
フルーツなのに、酸味がなく、水分もあまり感じません。
一年中どこでも買えて、安価。持ち運んで気軽に食べられる。
もっとも身近なフルーツですが、お菓子作りでほかのフルーツでは
代用できない魅力があります。

甘さ、食感、香り。
デザートのように甘いバナナを使えば、砂糖の量を減らせます。
また、ねっとりした口当たりは、テリーヌやアイスクリームなどをなめらかに仕上げてくれます。
焼き菓子の生地にたっぷり混ぜ込むこともバナナなら可能。
ほかのフルーツだと余分な水分を持て余すけれど、
クリーミーなバナナなら生地にうまく溶け込んでくれます。
そしてあの香り。とりわけ熱が入ったときの強く甘い香りは、バナナだけのもの。

バナナのお菓子を作る最大のポイントは熟度の見極めでしょうか。
黒い斑点が出始め、そのまま食べるには柔らかすぎるくらいに
果肉が熟れてきた頃が、ベストタイミング。
熱帯生まれのバナナ、暖かいところでゆっくり追熟を待つか、
スーパーで肩身が狭そうな特売のそばかすだらけの子を見つけたら、ラッキー！
ぜひ引き取ってあげてください。
柔らかく熟したバナナは、より濃厚な香りと甘さを持ち、生地にも混ざりやすいので、
それだけでお菓子作りは成功したようなものです。

そんなに力強いのに、いろいろなものに合うのも不思議だと思う理由。
チョコレート、キャラメル、ココナッツ、ヨーグルト、何と合わせてもしっくりくるのです。
だからこそバナナは、みんなに愛されているんだなと、今回あらためて実感しました。

どの国を旅していても、バナナを使ったお菓子に出合います。
その土地の食材、食文化にしっかり溶け込み、デザートとして親しまれている。
この本では、そんなレシピを集めてみました。

人懐っこさとたくましさを感じさせるバナナのお菓子たちは、
いつも私をホッとさせてくれる存在なのです。

若山曜子

contents

はじめに …………………………………… 2
バナナのミニ知識 ………………………… 6
バナナのお菓子　下準備の基本ルール …… 9

column　　　[バナナが1本あれば]

Ⅰ　CREAM　バナナでクリーム ………… 56
キャラメルバナナクリーム ／ チョコレートバナナクリーム

Ⅱ　JAM　バナナでジャム ………………… 58
バナナとキウイのジャム ／ バナナとオレンジのジャム

Ⅲ　DRINK　バナナでドリンク ………… 77
バナナミックスジュース
バナナベリースムージー ／ バナナアボカドスムージー
ホットバナナラムミルク ／ ホット豆乳ココア

【この本の使い方】
- バナナ1本は皮をむいた正味100g中サイズの大きさを基準にしています。
- 1カップは200mℓ、大さじ1は15mℓ、小さじ1は5mℓです。
- 卵はMサイズを使用しています。
- バターは食塩不使用のもの、生クリームは乳脂肪分が35%以上のものを使用しています。
- ブラウンシュガーがない場合は、きび砂糖で代用も可能です。
- オーブンは設定温度に予熱しておきます。予熱時間は機種によって異なりますので、タイミングをはかって予熱を始めてください。焼き時間も機種によって多少差がありますので、レシピの時間を目安に様子を見ながら加減してください。
- 電子レンジの加熱時間は、600Wが基準です。500Wの場合は2割増しにしてください。

Part 1　Banana Sweets in America

バナナの
アメリカンスイーツ

12　Muffins
　　マフィン

14　Banana bread
　　バナナブレッド

16　Hummingbird cup cake
　　ハミングバードカップケーキ

18　N.Y.cheesecake with banana
　　バナナのニューヨークチーズケーキ

20　Banana sour cream biscuits
　　バナナのサワークリーム ビスケット

22　Banana brownies
　　バナナブラウニー

24　Banana custard pie
　　バナナカスタードパイ

26　Whipped butter banana sandwich
　　バナナホイップバターサンド

27　Elvis sandwich
　　エルヴィスサンドイッチ

28　Banana pancake
　　バナナのパンケーキ

30　Banana ice cream parfait
　　バナナアイスパフェ

31　Banana granola bar
　　バナナグラノーラバー

| Part 2 | Banana Sweets in Europe |

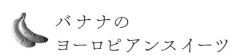
バナナの
ヨーロピアンスイーツ

| Part 3 | Banana Sweets in Asia |

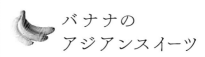
バナナの
アジアンスイーツ

- 34 Banana butter cake
  バナナのバターケーキ
- 36 Caramel banana cake with ginger icing
  キャラメルバナナケーキ ジンジャーアイシング
- 38 Banana chocolate terrine
  バナナのチョコレートテリーヌ
- 40 Quick banana pie
  簡単バナナパイ
- 42 Banana and grapefruit crafoutis
  バナナとグレープフルーツのクラフティ
- 43 Banana sponge cake pudding
  バナナのカステラプディング
- 44 Banana & raspberry crumble
  バナナとラズベリーのクランブル
- 46 Banoffee pie
  バノフィーパイ
- 48 Chocolate mousse
  チョコレートムース
- 49 Banana pannacotta
  バナナのパンナコッタ
- 50 Banana almond cream tart
  バナナのアーモンドクリームタルト
- 52 Hazelnut banana biscotti
  ヘーゼルナッツのバナナビスコッティ
- 54 Custard banana pudding
  カスタードバナナプリン

- 62 Honey Marakao
  はちみつマーラーカオ
- 64 Hong Kong - style french toast with banana
  香港風バナナのフレンチトースト
- 66 Sri Lanka-style banana cake
  スリランカ風バナナケーキ
- 68 Banana brown sugar SATA ANDAGI
  バナナの黒糖サーターアンダギー
- 70 Banana coconut milk ice cream
  バナナとココナッツミルクのアイスクリーム
- 71 Banana & agar with apricot syrup
  バナナと寒天のあんずシロップ
- 72 Hong Kong - style milk pudding
  香港風牛乳プリン
- 73 Banana soy milk pudding
  バナナ豆乳プリン
- 74 Banana spring rolls
  バナナの春巻き
- 76 Black baked banana
  真っ黒ベイクドバナナ

about
BANANA
[バナナのミニ知識]

日本人がもっともよく食べるフルーツが、バナナです。
おいしくて値段も手ごろ、一年中手に入りやすいと、いいことずくめ。
そのまま食べればエネルギーチャージに、またお菓子作りにも欠かせない存在です。
まずは選び方から保存法まで、バナナの知られざるミニ知識を紹介します。

☐ バナナの選び方

全体的に黄色に色づき、軸の結合部がしっかりしているもの。丸みを帯た形で皮に傷がないものを選びましょう。バナナは軸側よりも先端のほうが甘くなります。皮をむいたら上側から順に食べれば、最後まで甘みを堪能できます。バナナは成長の特性上、房の根元が一番太くて、だんだん小さくなっていきます。大きくなるのも根元が一番早いため、同じ銘柄で比較した場合、根元が太くて大きいバナナがおいしいといわれています。バナナの食べごろを見極めるには、軸の部分の色を見ればOK。青みがなく、しっかりと黄色く色づいていれば食べごろです。

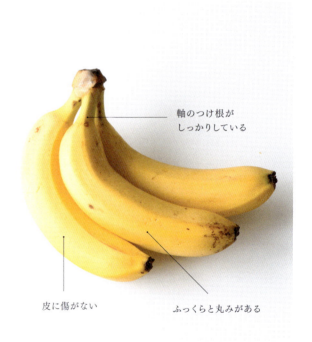

軸のつけ根がしっかりしている
皮に傷がない
ふっくらと丸みがある

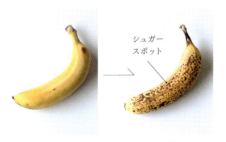

シュガースポット
完熟

「シュガースポット」は甘さのサイン

バナナのでんぷんが糖に変わり、ねっとりとして甘くなると、皮に「シュガースポット」と呼ばれる黒い斑点が出てきます。これが多いほど甘くなっているサイン。「シュガースポット」の出たバナナは焼き菓子作りに利用すると、香りや甘みがアップして本領発揮。ただし、生食でバナナをさっぱりと食べたい場合は、シュガースポットが出る前に食べるのがよいでしょう。なお完熟とは、写真のようにシュガースポットが皮全体の5割ほどに出てきたものをさします。

【ジャイアント・キャベンディッシュ】
バナナの中で最も一般的な品種で、日本でもポピュラー。皮が厚く、日持ちがよい。

【セニョリータ】
細くて長さが7〜9cmのミニサイズのバナナ。甘みが濃い。通称モンキーバナナ。

加工品

ドライ／完熟バナナを乾燥させたもの。大きさもいろいろ。

チップ／未熟バナナをスライスして揚げたもの。香ばしい食感。

□ バナナの種類

バナナは世界中に300以上の品種があるといわれています。日本で通年流通しているバナナの約95％はフィリピンからの輸入品です。中でも店頭で見かける一般的な品種が「ジャイアント・キャベンディッシュ」で、大手メーカーがそれぞれ独自のブランドを作っています。このほかに、長さが10cm弱の小型の「セニョリータ」や「台湾バナナ」、「モラード」や「バナップル」などの品種も。また、ドライやチップなど、バナナの加工品もあります。

国産バナナ、ご存じですか？

このようにバナナは99.9％が海外からの輸入品ですが、実は国内でも生産されています。その量は極めてわずかですが、沖縄の「島バナナ」をはじめ、皮まで食べられる無農薬バナナ・岡山県産の「もんげーバナナ」や鹿児島産の「神バナナ」などが注目されています。

□ バナナの栄養

バナナは消化がよく、さまざまな糖質を含む優秀なエネルギー源。また、日ごろ不足しがちな栄養素がバランスよく含まれているので、健康や美容にもいいといわれています。バナナは栄養豊富なため、高カロリーと思われがちですが、実は1本約86kcalと、ごはん茶碗1/2杯分、食パン1/2枚分と意外に低カロリーです。

[バナナに含まれる主な栄養素]
バナナ可食部100gあたり

- カリウム360mg⇒りんご約3個分
  免疫機能を健全に保つ。

- ポリフェノール292mg⇒赤ワイングラス約1杯分
  抗酸化作用がある。

- 食物繊維1.1g⇒さつまいも約1/2本分
  腸内環境を整える。

- ビタミンB_6 0.38mg⇒オレンジ約5個分
  皮膚と粘膜の健康を保つ。

□ バナナの保存方法

バナナは南国原産のフルーツなので、寒いのが苦手。15～20℃の常温で風通しのよい場所での保存がおすすめです。バナナの房を平置きにすると、房全体の重みで下の部分が傷みがち。山形に伏せて置くか、バナナスタンドなどにつり下げた状態で保存するのがベストです。
また、バナナを冷蔵庫で長時間保存すると低温障害を起こし、外皮が黒ずみます。冷えたバナナを食べたいときは、食べる直前に冷蔵庫で冷やす程度にしましょう。

冷凍バナナでおいしさキープ

バナナは、皮をむいて1本ずつ、またはスライスしてラップで包み、フリーザーバッグに入れて冷凍保存することも可能です。そのままシャーベットのように食べたり、スムージーなどの材料にしたりと重宝します。冷凍には、シュガースポットが出ている甘い完熟バナナが向きます。

バナナのお菓子
下準備の基本ルール

お菓子作りを始める前に材料や道具の準備は欠かせません。
本書のレシピによく登場する下準備をご紹介します。

材料の準備

[バター]

室温にもどす
バターを指で押してみて、指がすっと入り、指跡が残るかたさ。かたすぎると混ぜづらく、やわらかすぎると生地が分離する原因に。

溶かしバター
湯せんまたは電子レンジで加熱して、液体状になるまで溶かしたもの。

[卵]

室温にもどす
卵は使用する1時間ほど前に冷蔵庫から出して、室温におく。冷えた卵を使うと、バターなどと混ざりにくく、分離の原因になることも。

[ナッツ類]

から焼きする
ローストされていないナッツ類は180℃のオーブンで7〜8分ほど、色づくまでから焼きをする。予熱中のオーブンを利用してもよい。

型の準備

[パウンド型]

型にオーブンシートを当てて折り目をつける。写真のように、はさみで上下4カ所に折り目よりやや深めに切り込みを入れ、型に敷き込む。

[バット]

バットの底面と側面に合わせてオーブンシートを当てて折り目をつける。写真のように、はさみで上下4カ所に折り目よりやや深めに切り込みを入れ、型に敷き込む。

[丸型]

側面は円周より少し長めにオーブンシートを切り、型の高さに合わせて帯状にカット。これを側面に沿ってぐるりと敷き、次に底に合わせて丸く切ったオーブンシートを敷く。

[クグロフ型]

型にバターを塗り、茶こしで粉（あれば強力粉）をふって、余分な粉は落とす。

Part 1

バナナの
アメリカンスイーツ

Banana Sweets in America

ラフでおおらかな焼き菓子というイメージのアメリカンスイーツ。

そんなお菓子のおいしいまとめ役に欠かせないのが、

ねっとりとした食感のバナナです。

おなじみのクイックブレッド、マフィンやパイには、

バナナをたっぷり焼き込んだり、飾ったり。

サンドイッチやグラノーラなど、

アメリカならではの個性的なレシピも紹介しています。

ほとんどのお菓子がワンボウルで混ぜるだけで

簡単に作れて、デコレーションいらず。

思い立ったら気軽にチャレンジできると、いいことずくめ。

朝食にもおやつにもおすすめです。

バナナの甘い香りと存在感のとっておきスイーツが揃いました。

Muffins
マフィン

アメリカの軽食といえば、マフィンが代表的。甘い、大きいというイメージですが、完熟バナナの甘さを生かし、砂糖はやや控えめにしてふんわり、しっとりの食感に。好みの具材をトッピングすれば、アレンジも自由自在です。

チョコレートとくるみ
くるみの食感がアクセント。

クリームチーズとブルーベリー
アメリカンマフィンの定番の組み合わせ。

材料（直径7cm×高さ3cmのマフィン型6個分）

バナナ（完熟）... 2本（正味200g）
ヨーグルト（無糖）... 大さじ2
マフィン生地（共通）
　バター ... 80g
　きび砂糖 ... 60g
　卵 ... 1個
　薄力粉 ... 140g
　ベーキングパウダー ... 小さじ1
トッピング（各6個分）
A｜板チョコレート ... 40g
　｜くるみ ... 30g
B｜クリームチーズ ... 30g
　｜ブルーベリー ... 約30粒

下準備

- バター、卵は室温にもどす。→p.9
- 型にグラシンカップを敷く。
- オーブンを190℃に予熱する。

作り方

1. バナナ160gは泡立て器で少し粒が残るぐらいにつぶし、ヨーグルトを加えて混ぜる。残り40gのバナナは5mm厚さの輪切りにし、トッピング用に使う。

2. マフィン生地を作る。ボウルにバターと砂糖を入れ、泡立て器でしっかりすり混ぜる（**a**）。

3. 溶いた卵を少しずつ加えてそのつど混ぜ（**b**）、合わせた薄力粉とベーキングパウダーの1/2量をふるいながら加えて泡立て器でさっくり混ぜる。

4. **1**のバナナヨーグルトを加えて混ぜ（**c**）、残りの粉類をふるいながら加え（**d**）、ゴムべらに替えてさっくり混ぜる（**e**）。

5. 「チョコレートとくるみのマフィン」

　型に**4**の生地を等分に流し入れ、適当な大きさに割った**A**の板チョコとくるみを少し押し込むようにのせ、**1**のバナナの輪切りを散らす。190℃のオーブンで約20分焼く。

6. 「クリームチーズとブルーベリーのマフィン」

　型に**4**の生地を等分に流し入れ、適当な大きさにちぎった**B**のクリームチーズとブルーベリーを少し押し込むようにのせ（**f**）、**1**のバナナを散らす。190℃のオーブンで約20分焼く。

＊トッピングの分量は各6個分ですが、生地を半分に分け、3個ずつトッピングを替えてもOK。冷凍のブルーベリーを使うときは解凍せずにのせること。

Banana bread
バナナブレッド

ワンボウルで材料を次々に混ぜるだけ、
バナナの甘い香りが立ち上るクイックブレッド。
表面に大胆に飾ったバナナも、
生地がふくらむとずれて個性的な表情に。
バナナはなめらかになるまでつぶすと
水気が出て生地が重くなるので、
少し粒が残る程度に、がコツ。

材料（18×8×高さ6cmのパウンド型1台分）

バナナ（完熟）... 2本（正味200g）
ブラウンシュガー ... 60g
卵 ... 1個
ヨーグルト（無糖）※ ... 25g
サラダ油 ... 60g（75mℓ）
A｜薄力粉 ... 160g
　｜ベーキングソーダ ... 小さじ1/2
　｜ベーキングパウダー ... 小さじ1/2
飾り用バナナ ... 1本
くるみ ... 大さじ2
※乳清を入れないで計量。

下準備

- 卵は室温にもどす。→p.9
- 型にオーブンシートを敷く。→p.9
- オーブンを180℃に予熱する。

作り方

1 ボウルにバナナを入れ、泡立て器で少し粒が残るぐらいにつぶす（**a**）。

2 ブラウンシュガーと卵を加えてしっかり混ぜ、ヨーグルトとサラダ油を加えて（**b**）、さらに混ぜる。

3 合わせた**A**の粉類の1/2量をふるいながら加えて、泡立て器でしっかり混ぜる。

4 残りの粉類をふるいながら加え、ゴムべらに替えて底から大きくすくい返すようにさっくりと混ぜる（**c**）。

5 4の生地を型に流し入れ、表面をゴムべらで平らにならす。飾り用のバナナを縦半分にスライスしてのせ、手で砕いたくるみを散らす（**d**）。

6 180℃のオーブンで約40分焼く。竹串を刺して生地がついてこなければ焼き上がり。

＊薄力粉100g＋強力粉60gの配合にすると、よりサクッとした焼き上がりに。また、ヨーグルトとサラダ油を溶かしバター80gに替えると、コクや風味が増してリッチな味わいに。くるみの代わりにピーカンナッツやアーモンドでも。

Hummingbird cup cake

ハミングバードカップケーキ

「あまりのおいしさに鳥もさえずる」との
名前の由来があるアメリカ南部の伝統的なケーキ。
バナナとパイナップル、ココナッツのトロピカルな組み合わせのバランスが絶妙。
濃厚なチーズフロスティングで飾るのが、アメリカンな定番スタイル。

材料（直径7cm×高さ3cmのアルミカップ6個分）

- バナナ（完熟）… 1本（正味100g）
- パイナップル（生）※ … 130g
- **A**
  - 薄力粉 … 160g
  - ベーキングソーダ … 小さじ1/2
  - ベーキングパウダー … 小さじ1/2
  - シナモンパウダー … 小さじ1/2
- 卵 … 1個
- ブラウンシュガー … 50g
- サラダ油 … 50g（60mℓ）
- ココナッツファイン … 大さじ4
- チーズフロスティング
  - クリームチーズ … 120g
  - バター … 20g
  - 粉砂糖 … 大さじ3
- ココナッツファイン … 少々
- バナナチップ（あれば）… 6枚

※生がなければ、缶詰でも。

下準備

- 卵は室温にもどす。→p.9
- クリームチーズは室温にもどす。
- オーブンを190℃に予熱する。

作り方

1. ボウルにバナナを入れて泡立て器でつぶし、細かく刻んだパイナップルを加える（**a**）。
2. 溶き卵とブラウンシュガーを加え、泡立て器でよく混ぜる。サラダ油を加えてさらに混ぜる（**b**）。
3. 合わせた**A**の粉類の1/2量をふるいながら加えて、泡立て器でしっかり混ぜる（**c**）。
4. 残りの粉類をふるいながら加え、ココナッツファインの1/2量を入れ、ゴムべらに替えて粉気がなくなるまでさっくりと混ぜる（**d**）。
5. 4の生地をアルミカップに等分に流し入れ（**e**）、残りのココナッツファインを散らす。
6. 190℃のオーブンで15〜20分焼き、網の上で冷ます。
7. チーズフロスティングを作る。ボウルにクリームチーズ、バターを入れてゴムべらでクリーム状に練り、粉砂糖を加えてなじむまで混ぜる。
8. 粗熱が取れた**6**の表面に**7**を塗り（**f**）、ココナッツファインをふってバナナチップを飾る。

Banana Sweets in America

N.Y.cheesecake with banana

バナナのニューヨーク チーズケーキ

生地の中にもソースにも加えたダブルバナナで、
濃厚な味わいのチーズケーキ。湯せん焼きにすることで
クリーミーな食感が生まれます。
ボトム生地はないので、思いのほか簡単。

材料（直径15cmの底取れ丸型1台分）

バナナ … 2本（正味200g）
バター … 大さじ1
メープルシロップ … 大さじ2
チーズ生地
　クリームチーズ … 200g
　サワークリーム … 90ml
　グラニュー糖 … 60g
　卵 … 2個
　生クリーム … 60ml
　コーンスターチ … 10g
　シナモンパウダー … 小さじ1/2
　バニラビーンズ（あれば）… 1/4本

下準備

- クリームチーズは室温にもどす。
- 卵は室温にもどす。→p.9
- バニラビーンズは種子をしごき出す。
- 型の底をアルミホイルで二重に覆う。
- オーブンを170℃に予熱する。

作り方

1. フライパンにバターを熱し、7mm厚さの輪切りにしたバナナをソテーし、メープルシロップをからめて（**a**）冷ましておく。1/2量はソース用に取り分ける。

2. チーズ生地を作る。ボウルにクリームチーズとサワークリーム、バニラの種子、グラニュー糖を入れ、泡立て器でなめらかになるまでよく混ぜる（**b**）。溶き卵を2〜3回に分けて加え（**c**）、そのつどしっかり混ぜる。

3. **2**に生クリームと**1**のバナナソテーの1/2量を加え（**d**）、軽くつぶしながらさらに混ぜる。

4. 合わせたコーンスターチとシナモンパウダーをふるいながら加え、粉気がなくなるまで混ぜる（**e**）。型に生地を流し入れる。

5. 天板にペーパータオルを敷いて、型を置き、湯を2cm高さ程度に注ぎ入れる（**f**）。170℃のオーブンで約40分、湯せん焼きにする。オーブンから取り出し、熱いうちにペーパータオル、アルミホイルの順でふたをしてそのまま冷ます。粗熱が取れたら、型ごと冷蔵庫に入れて2時間以上冷やす。

6. 型からはずし、カットして器に盛り、**1**のソースをかける。

＊できれば1日冷蔵庫で冷やすと、味がなじんでよりおいしい。

Banana sour cream biscuits

バナナのサワークリームビスケット

バターや卵を使わず、サワークリームとバナナを粉に混ぜるだけで、
表面はサクッと、中はふわっと軽い食感に仕上がります。
サワークリームの持つ濃厚でさわやかな酸味とバナナの甘みがよく合います。

材料（約6cm大のもの8個分）

A ｜ 薄力粉 … 220g
　　｜ ベーキングパウダー … 小さじ2
ブラウンシュガー … 50g
バナナ（完熟）… 1本（正味100g）
サワークリーム … 180mℓ
強力粉（手粉）… 適量

下準備

- 天板にオーブンシートを敷く。
- オーブンを200℃に予熱する。

作り方

1 バナナは泡立て器で少し粒が残るぐらいにつぶす。

2 ボウルに合わせた**A**の粉類をふるいながら入れ、ブラウンシュガーを加えて泡立て器でざっと混ぜる。

3 **2**のボウルの真ん中にサワークリームと**1**のバナナを加え（**a**）、ゴムべらで切るように混ぜる（**b**）。

4 生地がまとまってきたら、手で上から下にふわっと押し込む感じでこねる（**c**）。

5 一つにまとめた生地を8等分にし、手粉をつけて5〜6cm大に丸める（**d**）。

6 天板に並べ、200℃のオーブンで12〜15分焼く。

Banana brownies
バナナブラウニー

アメリカンスイーツで思い浮かぶケーキの一つが、チョコレートブラウニー。
チョコレートと名コンビのバナナを合わせ、マーマレードを隠し味に。
しっとり濃厚な味わいのブラウニーが、バットで手軽に作れます。

材料 （21×16.5×高さ3cmのバット1台分）

バナナ … 1本（正味100g）
製菓用チョコレート※ … 100g
バター … 50g
卵 … 1個
グラニュー糖 … 30g
薄力粉 … 35g
ベーキングパウダー … 小さじ1/3
マーマレード … 大さじ1
※カカオ分60％以上のものを。

下準備

- チョコレートは刻む。
- バットにオーブンシートを敷く。→p.9
- オーブンを180℃に予熱する。

作り方

1. バナナの1/2量は泡立て器でつぶし、残りは5mm厚さの輪切りにして飾り用にする。

2. ボウルにチョコレートとバターを入れ、湯せんにかけて溶かす（**a**）。

3. 別のボウルに卵とグラニュー糖を入れ、ふんわりとするまで泡立て器でよく混ぜる。**2**を加えてなめらかになるまで混ぜる（**b**）。

4. 合わせた薄力粉とベーキングパウダーをふるいながら加え、ゴムべらに替えて、切るようにさっくりと混ぜる（**c**）。**1**のつぶしたバナナを加えて、ムラがなくなるまで混ぜる。

5. バットに**4**の生地を流し（**d**）、ゴムべらで表面をならす。**1**の飾り用のバナナとマーマレードを散らし、180℃のオーブンで15〜20分焼く。

Banana custard pie

バナナカスタードパイ

サクサクのパイは市販のパイシートを利用して、手軽に。
バナナにカスタードクリーム＆ホイップクリームという鉄板の組み合わせ。
カスタードクリーム作りは少し時間がかかりますが、
がんばりがいのある納得のおいしさです。

材料（直径20cmのパイ皿1台分）

冷凍パイシート（20cm角）... 1枚
カスタードクリーム
 卵黄... 3個分
 グラニュー糖... 60g
 コーンスターチ... 15g
 薄力粉... 10g
 牛乳... 250ml
 バニラビーンズ... 1/2本
ココナッツファイン... 大さじ2
グラニュー糖... 大さじ1
バナナ... 3本
ホイップクリーム
 生クリーム... 200ml
 グラニュー糖... 大さじ1
 ラム酒（あれば）... 小さじ1
レモン汁... 適量
レモンの皮、ピスタチオ... 各適量

下準備

- 卵は室温にもどす。→p.9
- バニラビーンズは種子をしごき出し、さやも取っておく。
- オーブンを180℃に予熱する。

作り方

1. カスタードクリームを作る。ボウルに卵黄とグラニュー糖を入れ、泡立て器で白っぽくなるまですり混ぜ、ふるったコーンスターチと薄力粉を加えて混ぜる（**a**）。

2. 鍋に牛乳とバニラの種子をさやごと入れて中火にかけ、沸騰直前まで温めておく。

3. **1**のボウルに**2**の1/2量を加えてしっかりと混ぜ、再び**2**の鍋に戻し入れる（**b**）。

4. 中火にかけ、泡立て器で焦げつかないように絶えずかき混ぜながら火を通す（**c**）。途中フツフツとして重くもったりしてくるがさらに混ぜ続け、つやが出てさらりと落ちるようになったら（**d**）火から下ろす。

5. 熱いうちにこしてバットに移す。表面にラップを密着させて保冷剤をのせ（**e**）、プリッとかたくなるまで冷蔵庫で冷やす。使うまで冷蔵庫に入れておく。

6. パイ皿にめん棒で軽くのばしたパイシートをのせ、しっかり指で縁まで押さえて、はみ出た余分をカットする。底にところどころフォークを刺して空気穴を開け、オーブンシートをのせる。さらに重石をのせて（**f**）、180℃のオーブンで25〜30分から焼きをする。

7. オーブンシートをはずし、ココナッツとグラニュー糖をのせ、190℃のオーブンでさらに5分焼く。粗熱が取れるまで冷ます。

8. ホイップクリームを作る。ボウルに生クリームを入れてグラニュー糖を加え、底を氷水に当てながら七〜八分立てにし、ラム酒をふる。

9. バナナは5〜6mm厚さの斜め薄切りにしてレモン汁をからめ、**7**の底に並べる。**5**のカスタードクリームをボウルに入れ、泡立て器でしっかりほぐして上にのせ、ゴムべらで平らにのばす。さらに**8**のホイップクリームをのせて同様にゴムべらで平らにのばす。

10. 表面に残りのバナナを花びらのように外側から並べる。せん切りにしたレモンの皮と刻んだピスタチオを散らす。

Whipped butter banana sandwich
バナナホイップバターサンド

子供の頃に食べていた懐かしいバナナコッペパンを手作り。
つぶしたバナナにバターを加えて、ふわふわにホイップして挟むだけ。
このホイップバターは、ビスケットやクッキーにつけてもおいしい。

材料（5〜6個分）

バナナ…1/2本
グラニュー糖…大さじ1
バター…100g
ロールパン…5〜6個

下準備

- バターは室温にもどす。→p.9

作り方

1. バナナはざく切りにして耐熱ボウルに入れ、グラニュー糖を加える。電子レンジで約1分加熱し、よくつぶす。
2. 1の粗熱が取れたら、バターを加えて泡立て器で空気を含ませるようにホイップする。
3. 横半分にスライスしたロールパンに2の適量を塗ってサンドする。

Elvis sandwich
エルヴィスサンドイッチ

ロック歌手のエルヴィス・プレスリーの大好物だったというサンドイッチ。
バナナとピーナッツバターのコンビにベーコンの塩気がアクセント。
ボリューム満点で、ほどよい甘じょっぱさがくせになります。

材料（1人分）

バナナ...1本
ベーコン（薄切り）...3枚
食パン（8〜10枚切りのもの）...2枚
ピーナッツバター...大さじ2
メープルシロップ...大さじ1〜2

作り方

1. バナナは横に3等分にスライスする。フライパンにベーコンを並べ、弱火でじっくりカリカリに焼く。
2. 食パンはトーストしてそれぞれ片面にピーナッツバターを塗る。1枚に**1**のバナナとベーコンをのせ、メープルシロップをかける。もう1枚の食パンでサンドする。

Banana pancake

バナナのパンケーキ

バターミルクで作るのがポピュラーなアメリカンパンケーキ。
代わりにヨーグルトでふんわりと、バナナでもっちりした食感をプラスします。
完熟バナナで作ると、おいしさ倍増。

材料（直径10〜12cmのもの4枚分）

A ｜ 薄力粉…200g
　｜ ベーキングソーダ…小さじ1/2
　｜ ベーキングパウダー…小さじ1/2
　｜ シナモンパウダー、塩…各少々
きび砂糖…大さじ1
バナナ（完熟）…2本（正味200g）
ヨーグルト（無糖）…50g
牛乳…70mℓ
卵…1個
バター…大さじ2
バナナ（仕上げ用）…適量
メープルシロップ、バター…各適量
くるみ（好みで）…適量

下準備

- 卵は室温にもどす。→p.9

作り方

1. ボウルに合わせた**A**の粉類をふるいながら入れ、砂糖を加えて泡立て器でぐるぐると混ぜる。

2. 別のボウルにバナナを入れて泡立て器でつぶし、ヨーグルト、牛乳、溶き卵を加えて混ぜ合わせる。すべてミキサーにかけてもよい。

3. **1**に**2**を加え（**a**）、粉気がなくなるまで泡立て器で混ぜ合わせる。

4. フライパンにバターを入れ、溶けたら**3**に加えて混ぜる（**b**）。

5. フライパンに残ったバターをペーパータオルなどでなじませて中火にかけ、**4**の生地をお玉で丸く流す（**c**）。2〜3分して生地の表面がプツプツとしてきたらフライ返しでひっくり返し（**d**）、さらに1〜2分焼く。残りも同様に焼く。

6. 器に盛り、上にスライスバナナを飾り、バターをのせ、メープルシロップをかける。好みでくるみを散らす。

＊薄力粉に2割程度の全粒粉を混ぜても香ばしくなる。

Banana Sweets in America

Banana ice cream parfait

バナナアイスパフェ

材料は市販のアイスクリームとバナナのたった2つ。
混ぜ合わせて、再び凍らせれば甘さ控えめななめらかアイスのでき上がり。
スイートスポットが出た甘く熟したバナナを使うのが、ポイント。

材料（2人分）

バナナ（完熟）... 大1/2本（正味60g）
バニラアイスクリーム（市販品）... 200ml
チョコレートソース ... 適量
バナナ（飾り用）... 適量

作り方

1 バナナは泡立て器でつぶしてペースト状にする。

2 バットなどにアイスクリームを入れ、1を加えて混ぜる。冷凍庫で2時間、冷やし固める。

3 パフェグラスに2のアイスクリームを等分に盛り、好みで斜め薄切りにしたバナナを飾り、チョコレートソースをかける。

＊チョコレートソースは手作りしても。耐熱容器に板チョコ25gと牛乳大さじ2を入れ、電子レンジで加熱してチョコを溶かし、温めた牛乳大さじ1〜2を加えてのばす。1日するとアイスクリームの色が黒ずんでくるので、早めに食べて。

Banana granola bar
バナナグラノーラバー

アメリカの朝食のイメージが強いグラノーラは、簡単に手作りできます。
メイン材料のオートミールにねっとりしたバナナをつなぎ役にしたグラノーラバー。
おやつに、ドライフルーツやミルクと合わせて朝食にと大活躍。

材料 （作りやすい分量）

グラノーラバー
　バナナ（完熟）… 1本（正味100g）
　オートミール … 200g
　ココナッツファイン … 20g
　ブラウンシュガー … 50g
　バター … 30g
レーズン、バナナチップス、
　スライスアーモンド（あれば）… 各適量
牛乳（または豆乳）… 適量

下準備

- バターは溶かす。→p.9
- オーブンを140℃に予熱する。

作り方

1. グラノーラバーを作る。ボウルにバナナを入れ、泡立て器でつぶす。残りの材料をすべて加え、ゴムべらでよく混ぜる。

2. オーブンシートを敷いた天板に**1**を手で押しつけるようにしてなるべく薄く広げる。

3. 140℃のオーブンで約1時間焼き、オーブン内で20分ほど冷ます。

4. 手で割って器に盛り、レーズンやバナナチップス、スライスアーモンドを添えて、牛乳や豆乳をかけて食べる。

＊**3**でカリッとしないようなら、再び140℃のオーブンで30分ほど焼く。乾燥剤といっしょに保存容器に入れると、約1週間日持ちする。

Part 2

バナナの
ヨーロピアンスイーツ

Banana Sweets in Europe

ほとんど毎日、ティータイムや食後にデザートや
スイーツを食べる習慣のあるヨーロッパの人々。
デイリーなバナナをフランスやイギリス、イタリア生まれの
ケーキやテリーヌ、パイ、タルトなどに合わせてみると、
見た目もシックでおしゃれなスイーツに生まれ変わります。
また、デコレーションや盛りつけを変えるだけで、
お店のものに負けないデザートにもなります。
バナナの甘みとコクはバターやチョコレート、
キャラメルなどにほどよくマッチし、おいしさを引き立てます。
リッチで大人テイストの仕上がりが魅力の
ヨーロピアンスイーツをお届けします。

Banana butter cake

バナナのバターケーキ

バナナと家にある材料で、すぐに作れるバターケーキ。
バナナは少し粒が残るくらいにつぶすと、軽やかな生地に。
焼き立てより1〜2日後がバターとバナナがなじんでしっとりおいしい。

材料（直径15cmの底取れ丸型1台分）

バナナ（完熟）... 1と1/2本（正味150g）
ラム酒 ... 小さじ1
バター ... 100g
ブラウンシュガー ... 80g
卵 ... 2個
A │ 薄力粉 ... 150g
　　│ ベーキングパウダー ... 小さじ1と1/2
ピーカンナッツ ... 10〜12粒
粉砂糖 ... 適量

下準備

- バター、卵は室温にもどす。→p.9
- 型にオーブンシートを敷く。→p.9
- オーブンを180℃に予熱する。

作り方

1. ボウルにバナナを入れ、泡立て器で少し粒が残るくらいまでつぶし、ラム酒をふる。

2. 別のボウルにバターとブラウンシュガーを入れ、泡立て器ですり混ぜる（**a**）。溶き卵を少しずつ加え、そのつどなめらかになるまで混ぜる（**b**）。

3. 合わせた**A**の粉類の1/2量をふるいながら加えて（**c**）、泡立て器でさっくり粉気がなくなるまで混ぜる。**1**（**d**）と残りの粉類をふるいながら加え、ゴムべらに替えて底から大きくすくい返すようにさっくりと混ぜる（**e**）。

4. **3**の生地を型に流し入れ、表面をゴムべらで平らにならす。ピーカンナッツを周りにのせる（**f**）。

5. 180℃のオーブンで約40分焼く。竹串を刺して生地がついてこなければ焼き上がり。粗熱が取れたら型から出し、茶こしで粉砂糖をふる。

＊1/2本残ったバナナは1cm厚さの輪切りにし、型に入れた生地の表面に少し押しこむようにのせてもよい。

Caramel banana cake with ginger icing
キャラメルバナナケーキ
ジンジャーアイシング

バナナにベストコンビのキャラメルで、コクとほろ苦さをプラス。
シンプルなバター生地に加えるだけで、ワンランク上の大人の味わい。
仕上げはすっきりと清涼感のあるアイシングで、ケーキに香りと表情を添えて。

材料（直径14cm×高さ8.5cmのクグロフ型1台分）

バナナのキャラメリゼ
 バナナ（完熟）...1本（正味100g）
 グラニュー糖...50g
 水...大さじ1
 バター...10g
 ラム酒...大さじ2
バター...80g
グラニュー糖...40g
卵...1個
A｜薄力粉...120g
 ｜ベーキングパウダー...小さじ1
アイシング
 粉砂糖...大さじ4
 牛乳...小さじ1/2
 しょうがの絞り汁...小さじ1/3
 カルダモンパウダー（あれば）...少々

下準備
- バター、卵は室温にもどす。→p.9
- 型にバター（分量外）を塗り、粉（分量外）をふる。→p.9
- オーブンを180℃に予熱する。

作り方

1 バナナのキャラメリゼを作る。フライパンにグラニュー糖と水を入れ、中火にかけて焦げ茶色になったらざく切りのバナナとバターを加えてソテーする。とろっとしてきたら木べらでバナナをつぶし（**a**）、ラム酒を加えてバットなどに移して、粗熱を取る。

2 ボウルにバターとグラニュー糖を入れ、泡立て器ですり混ぜる。溶き卵を少しずつ加え、そのつどなめらかになるまで混ぜ（**b**）、**1**を加えて（**c**）混ぜる。

3 合わせた**A**の粉類の1/2量をふるいながら加えて、泡立て器でしっかり混ぜる。残りの粉類をふるいながら加え、ゴムべらに替えて底から大きくすくい返すようにさっくりと混ぜる（**d**）。

4 型に**3**の生地を入れ、180℃のオーブンで25～30分焼く。型からはずして粗熱を取る。

5 アイシングを作る。小さな容器に粉砂糖を入れ、牛乳としょうがの絞り汁を加える。スプーンで混ぜ、ぽってりとしたらカルダモンパウダーを加えて混ぜる。**4**にかけてデコレーションする。

*長さ18cmのパウンド型で焼いてもよい。その場合は180℃のオーブンで30～35分焼く。

*アイシングがやわらかければ粉砂糖を足し、かたければ牛乳を1滴ずつ加えて調節する。

Banana chocolate terrine

バナナのチョコレートテリーヌ

濃厚な風味が魅力の、チョコレート好きにはたまらないテリーヌ。
バナナのおかげでねっとりとした食感が、混ぜるだけで簡単に作れます。
ビターな奥行きのある味わいの中に、バナナの風味がふんわり広がります。

材料（18×8×高さ6cmのパウンド型1台分）

バナナ（完熟）... 2本（正味200g）
ラム酒 ... 大さじ3
製菓用チョコレート※ ... 120g
バター ... 100g
卵 ... 2個
グラニュー糖 ... 40g
薄力粉 ... 15g
ラム酒 ... 大さじ1
ココアパウダー ... 適量
※カカオ分60％以上のものを。

下準備

- 卵は室温にもどす。→p.9
- チョコレートは刻む。
- 型にオーブンシートを敷く。→p.9
- パウンド型に水を入れてもれるようなら、型の底をアルミホイルで二重に覆う。
- オーブンを150℃に予熱する。

作り方

1 耐熱容器にスライスしたバナナとラム酒を入れ、ふんわりとラップをかけて電子レンジで1分30秒ほど加熱する。さらに泡立て器でバナナをつぶす。

2 ボウルにチョコレートとバターを入れ、湯せんにかけて溶かす。1を加え（**a**）、しっかり混ぜる。ここで少し分離することもあるが気にしなくてよい。

3 溶き卵にグラニュー糖を加えてよく混ぜ、2に少しずつ加えて（**b**）そのつど泡立てないように混ぜる（**c**）。2で分離していても生地がまとまってくる。さらに薄力粉を加えて混ぜ、ラム酒を加えて混ぜる。

4 **3**の生地を型に流す。

5 天板にペーパータオルを敷いて型を置き、湯を2cm高さ程度に注ぎ入れる（**d**）。150℃のオーブンで約1時間、湯せん焼きにする。粗熱が取れたら、型ごと冷蔵庫に入れて半日冷やす。食べるときにココアパウダーを茶こしでふる。

＊型からはずしにくいときは、オーブンシートと型の間にナイフを差し込むようにするとよい。冷蔵庫で3日ほど保存可能。

Banana Sweets in Europe

Quick banana pie

簡単バナナパイ

バナナの形に切り取ったパイシートを焼くとふくらんで、まるで本物のバナナのよう。
バナナをサンドするだけ。失敗しようがないほど簡単な、形も楽しいお菓子です。
パイだけでおやつに、シナモンをふったり、ジャムやクリームを塗ったりしても。
またアイスクリームを添えるとデザート仕立ての一皿に。

材料 （4個分）

バナナ...2本
冷凍パイシート（20cm角）...1枚
グラニュー糖...大さじ2
バニラアイスクリーム（市販）...適量
スライスアーモンド（あれば）、
　はちみつ...各適量

下準備

- 天板にオーブンシートを敷く。
- オーブンを200℃に予熱する。

作り方

1　パイシートの上にバナナを置く。ナイフでバナナより5mm外側をなぞって切り目を入れ（**a**）、4枚切り取る。

2　**1**を天板に並べ、フォークを刺して空気穴を開け、グラニュー糖をふる（**b**）。200℃のオーブンで約15分焼く（**c**）。

3　粗熱が取れたら横半分にスライスする（**d**）。下側のパイに5mm厚さの輪切りにしたバナナを並べ、もう1枚のパイをのせる。残りも同様に作る。

4　器に盛り、アイスクリームを添える。アイスクリームには好みでスライスアーモンドを飾り、はちみつをかける。

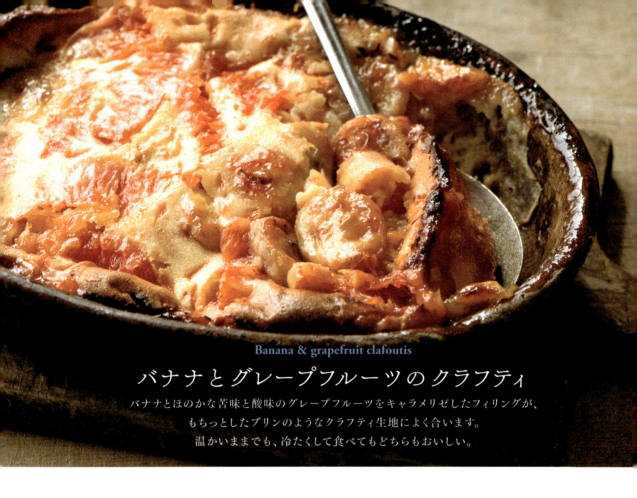

Banana & grapefruit clafoutis
バナナとグレープフルーツのクラフティ

バナナとほのかな苦味と酸味のグレープフルーツをキャラメリゼしたフィリングが、
もちっとしたプリンのようなクラフティ生地によく合います。
温かいままでも、冷たくして食べてもどちらもおいしい。

材料（21×14×高さ3cmのグラタン皿1枚分）

- グレープフルーツ … 1個
- グラニュー糖 … 大さじ1
- バナナ … 1本
- A
  - グラニュー糖 … 大さじ1
  - 水 … 小さじ1/2
- バター … 大さじ1
- グランマルニエ（あれば） … 小さじ2

クラフティ生地
- 薄力粉 … 40g
- コーンスターチ … 15g
- グラニュー糖 … 60g
- 卵 … 2個
- 牛乳、生クリーム … 各100mℓ
- バニラビーンズ … 1/2本

下準備

- 卵は室温にもどす。→p.9
- バニラビーンズは種子をしごき出し、さやも取っておく。
- グレープフルーツは上下を切り落とし、皮を薄皮ごと厚めにむく。房の薄皮と果肉の間に包丁を入れ、ひと房ずつ果肉を取り出す。
- グラタン皿にバター（分量外）を薄く塗り、グラニュー糖（分量外）を全体にまぶし、余分をはらう。
- オーブンを180℃に予熱する。

作り方

1. ボウルにグレープフルーツを入れてグラニュー糖を加え、ボウルをあおって全体にまぶす。バナナは1cm厚さの輪切りにする。

2. フライパンに**A**を入れて火にかけ、フライパンを回しながらカラメル色に焦げるまで熱する。バナナを加えてさっとソテーし、バターを加えて溶かす。**1**のグレープフルーツを加えて、グランマルニエで香りをつける。準備したグラタン皿に重ならないように並べ入れる。

3. クラフティ生地を作る。鍋に牛乳、生クリーム、バニラの種子をさやごと入れて火にかけ、沸騰直前まで温め、さやを取り除く。

4. ボウルに薄力粉、コーンスターチ、グラニュー糖を入れて泡立て器で混ぜ、**3**を少しずつ加えながらなめらかになるまで混ぜる。さらに溶いた卵も少しずつ加えてよく混ぜる。

5. **2**のグラタン皿に**4**のクラフティ生地を流し、180℃のオーブンで、薄く焼き色がつくまで約30分焼く。

Banana sponge cake pudding

バナナのカステラプディング

カステラが卵の生地を吸って、しっとりふわふわ。
バナナとカステラの優しい甘みで砂糖なしでも十分おいしい。
残った食パンやバゲット、ブリオッシュで作るのもおすすめです。

材料（直径7cm×高さ4cmのココット4個分）

バナナ…1本
カステラ（8×6.5cm、2cm厚さ）…4切れ
ラム酒漬けレーズン（市販）…大さじ2
├ 卵…2個
├ 牛乳…200mℓ
├ 生クリーム…50mℓ
└ バニラビーンズ（あれば）…1/2本

下準備

- ココットにバター（分量外）を薄く塗る。
- バニラビーンズは種子をしごき出し、さやも取っておく。
- オーブンを170℃に予熱する。

作り方

1. バナナは1cm厚さの輪切りにし、カステラは一口大に切る。ラム酒漬けレーズンとともに等分にココットに入れる。
2. ボウルに卵を溶きほぐす。
3. 小鍋に牛乳と生クリーム、バニラの種子とさやを入れて沸騰直前まで温め、**2**に加えて混ぜる。こし器を通して**1**のココットに等分に流し入れる。
4. 天板に**3**を置き、湯を2cm高さ程度に注ぎ入れる。170℃のオーブンで30〜40分、湯せん焼きにする。

＊ほかのパンで作るときは、少し砂糖を加えて甘みをプラス。

Banana & raspberry crumble

バナナとラズベリーのクランブル

バター風味のほろほろクランブルの下には
とろりとジューシーな主役のバナナとラズベリー。
できたてあつあつをめし上がれ。

材料 （直径4.5cm×高さ5cmの耐熱容器2個分）

バナナ…2本
ラズベリー（冷凍）…50g
メープルシロップ…大さじ2
コーンスターチ…大さじ1/2
クランブル
　バター…30g
　アーモンドパウダー…30g
　薄力粉…30g
　グラニュー糖…30g

下準備

- バターは1cm角に切り、冷蔵庫で冷やしておく。
- オーブンを190℃に予熱する。

作り方

1 クランブルを作る。ボウルにすべての材料を入れ、カードでバターを刻みながら（**a**）手早く混ぜる。バターが5mm大になったら両手ですり合わせるようにして混ぜ（**b**）、そぼろ状にする。冷凍庫で冷やしておく。

2 バナナは1cm厚さの輪切りにしてボウルに入れ、ラズベリー、メープルシロップ、コーンスターチを加えて混ぜる（**c**）。

3 耐熱容器に**2**を等分に入れ、**1**をのせて（**d**）190℃のオーブンで15〜20分、クランブルがこんがりと色づくまで焼く。

＊クランブルは多めに作り、保存袋に入れて冷凍するのがおすすめ。約3週間は保存可能。解凍せずにそのまま使うこと。

Banoffee pie
バノフィーパイ

イギリス生まれのこのパイは、甘いトフィー(コンデンスミルクを煮詰めたクリーム)、
バナナ、ホイップクリームの順に重ねるだけとテクニックいらず。
トフィーをビターなキャラメルクリームでアレンジすると、思いのほか軽やかなおいしさに。

材料（直径21cmのパイ皿1台分）

ビスケット生地
- 全粒粉ビスケット … 12枚（120g）
- バター … 30g
- 卵白 … 15g（1/2個分）

キャラメルクリーム
- グラニュー糖 … 100g
- 水 … 大さじ1
- 生クリーム … 150ml

バナナ … 2本

ホイップクリーム
- 生クリーム … 150ml
- グラニュー糖 … 小さじ2

スライスアーモンド … 適量

下準備

- バターは溶かす。→p.9
- スライスアーモンドはから焼きする。→p.9
- オーブンを170℃に予熱する。

作り方

1 ビスケット生地を作る。ビスケットは厚手のポリ袋に入れ、めん棒でたたいて細かく砕く。ここに溶かしバターと卵白を加え（**a**）、袋をもんで全体を混ぜ合わせる（**b**）。

2 パイ皿に**1**を入れ、手で型の底に押しつけるようにして平らに敷き詰める（**c**）。170℃のオーブンで約10分焼き、粗熱を取る。

3 キャラメルクリームを作る。鍋にグラニュー糖と水を入れて中火にかけ、焦げ茶色になったら火を止める。生クリームを少しずつ加える（**d**）。再度弱火にかけ、ゴムべらで混ぜながらとろみをつける。

4 バナナは1cm厚さの輪切りにし、1/3量を**3**のクリームの適量であえる。

5 ホイップクリームを作る。生クリームにグラニュー糖を加えて七～八分立てにする。

6 **2**にバナナを並べ（**e**）、上に残りのキャラメルクリームをかけてゴムべらで縁までのばす（**f**）。さらにホイップクリームをスプーンなどで波打つように塗る。取り分けた**4**のキャラメルクリームバナナをのせ、アーモンドを散らす。

Banana Sweets in Europe

Chocolate mousse

チョコレートムース

ゼラチンを使わず、チョコレートを冷やして固める濃厚なムース。
ビターなチョコレートで甘さを抑えたテイストは、
スライスバナナといっしょに味わうと絶妙なバランスに。

材料（パフェグラス3個分）

製菓用チョコレート＊... 50g
グラニュー糖... 大さじ1/2
牛乳... 大さじ2
生クリーム... 100ml
バナナ... 1本
ラム酒またはグランマルニエ... 大さじ1/2
ココアパウダー（好みで）... 適量
※カカオ分60%以上のものを。

下準備

- チョコレートは刻む。

作り方

1 ボウルにチョコレートとグラニュー糖を入れ、沸騰直前まで温めた牛乳を加え、ゴムべらでゆっくりと混ぜながらチョコレートを溶かす。ボウルの底に氷水を当て、混ぜながら冷ます。

2 **1**が冷めたら生クリームを少しずつ加えて八分立てにし、ラム酒を加えてさっとなじませる。

3 5〜6mm厚さの輪切りにしたバナナをグラスの側面に貼りつけるように入れ、**2**を注ぐ。冷蔵庫に入れて2時間以上冷やし固める。食べるときに好みでココアパウダーをふる。

＊生クリームは少しずつ加え、八分立てで止める。洋酒を加えたら混ぜすぎない。これがチョコレートの分離を防ぐコツ。

Banana pannacotta

バナナのパンナコッタ

もっちりなめらかな口当たりのパンナコッタは、
材料を混ぜて固めるだけといたってシンプル。
イタリア生まれのデザートに、完熟バナナの甘みと香りのアクセントを。

材料（容量150mlの器4個分）

バナナ（完熟）... 1本
グラニュー糖 ... 大さじ2
牛乳 ... 200ml
ヨーグルト（無糖）... 50g
生クリーム ... 100ml
粉ゼラチン ... 5g
水 ... 大さじ1と1/2

下準備

- 水に粉ゼラチンをふり入れてふやかす。

作り方

1. バナナはミキサーにかけてなめらかなピューレ状にし、鍋に入れる。グラニュー糖を加えて中火にかけ、混ぜながら砂糖をゆっくりと溶かす。次に牛乳を加え、沸騰しない程度に温め、火を止める。

2. 1にふやかしたゼラチンを加えて溶かし、粗熱を取る。ヨーグルトと生クリームを加えてよく混ぜ、等分に器に流す。冷蔵庫に入れて2時間以上冷やし固める。

Banana almond cream tart

バナナのアーモンドクリームタルト

型いらずのタルト生地に混ぜるだけのアーモンドクリームで、思いのほか簡単。
タルト生地にアーモンドクリームを塗り、スライスバナナを一面に並べて焼くと、
こんがり焼けたバナナのおいしさがストレートに味わえます。

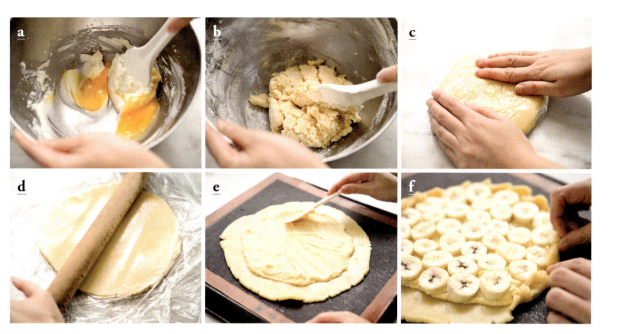

材料（直径約20cmのもの1台分）

タルト生地
　バター … 75g
　粉砂糖 … 30g
　卵 … 1/2個分
　薄力粉 … 140g

アーモンドクリーム
　バター … 25g
　粉砂糖 … 25g
　卵 … 1/2個分
　アーモンドパウダー … 25g
　薄力粉 … 小さじ1/2

バナナ … 2本

仕上げ用ジャム
　あんずジャム … 30g
　ラム酒 … 大さじ1
　水 … 大さじ1/2

下準備

- タルト生地とアーモンドクリームの卵とバターは室温にもどす。→p.9
- 天板にオーブンシートを敷く。
- オーブンを190℃に予熱する。

作り方

1. タルト生地を作る。ボウルにバターと粉砂糖を入れ、ゴムべらですり混ぜる。溶き卵を加えてしっかり混ぜ（**a**）、薄力粉を加える。粉気がなくなるまでさっくりと切るように混ぜ（**b**）、ひとまとめにする。

2. ラップで包み、ラップの上からめん棒で直径15cmほどの円形に形作り（**c**）、冷蔵庫で30分以上休ませる。

3. アーモンドクリームを作る。ボウルにバターを入れてクリーム状に練り、粉砂糖を加えて泡立て器ですり混ぜる。溶き卵を少しずつ加えてなめらかになるまで混ぜたら、アーモンドパウダーと薄力粉を加えて混ぜ合わせる。

4. **2**のタルト生地をラップではさみ、めん棒で直径23cmほどの円形にのばし（**d**）、天板にのせる。途中で生地がべたつくようなら冷凍庫で10分ほど休ませるとよい。バナナは1cm厚さの輪切りにする。

5. 縁2cmを残してアーモンドクリームを円形に塗り（**e**）、その上にバナナを外側からすき間なく並べる。タルト生地の縁は内側に折り込んで指で押してひだをつける（**f**）。190℃のオーブンで30〜35分焼く。

6. 仕上げ用ジャムの材料を合わせ、電子レンジで20秒ほど加熱して混ぜる。**5**の粗熱が取れたら、刷毛でバナナの表面に塗って仕上げる。

Hazelnut banana biscotti

ヘーゼルナッツの
バナナビスコッティ

カリッとかための食感がくせになる
ビスコッティですが、ここではバナナをつなぎ役にして
少しだけソフトテイストに。ナッツはアーモンド、
ココナッツ、くるみなど好みのものを。
チョコレートチップを加えてもおいしい。

材料（約15cm長さのもの11本分）

バナナ（完熟）... 1本（正味100g）
きび砂糖 ... 40g
オリーブ油 ... 大さじ1
卵 ... 1個
ヘーゼルナッツ ... 30g
A ｜ 薄力粉 ... 180g
　　｜ ベーキングソーダ ... 小さじ1/3
手粉（強力粉）... 適量

下準備

- 卵は室温にもどす。→p.9
- ヘーゼルナッツはから焼きする。→p.9
- 天板にオーブンシートを敷く。
- オーブンを180℃に予熱する。

作り方

1. ボウルにバナナを入れ、泡立て器でつぶす。

2. **1**に砂糖を加えて泡立て器で混ぜる。オリーブ油と溶き卵を加えて、さらにもったりするまで混ぜる（**a**）。

3. 合わせた**A**の粉類をふるいながら加え、ゴムべらで切るようにさっくりと混ぜる（**b**）。ヘーゼルナッツを加えて粉気がなくなるまで混ぜる（**c**）。

4. 手粉をつけた手でまとめ、20×15cm大のなまこ形に成形して天板に置き（**d**）、180℃のオーブンで約20分焼く。

5. 取り出して粗熱を取り、1.5cm厚さに切る（**e**）。断面を上にして再び天板に並べ（**f**）、170℃のオーブンで約15分、裏返してさらに5〜10分焼く。オーブンの中で冷ます。

＊ビスコッティは乾燥剤といっしょに保存容器に入れると、常温で2週間は保存可能。

Banana Sweets in Europe

Custard banana pudding

カスタードバナナプリン

卵黄が多めで、しっかりとした弾力のある正統派カスタードプリン。一口食べると、濃厚な卵のコクの中にバナナの風味が感じられます。ココットなどで小さく焼いてもOK。ただし焼き時間は少し短めに。

材料（長さ24cm×高さ5cmの耐熱皿1枚分）

キャラメルソース
| グラニュー糖 … 50g
| 水 … 小さじ1
バナナ（完熟）… 2本（正味200g）
プリン生地
| 卵 … 2個
| 卵黄 … 2個
| グラニュー糖 … 50g
| 牛乳 … 200mℓ
| 生クリーム … 50mℓ
バニラビーンズ … 1/3本
ホイップクリーム（好みで）… 適量

下準備

- 卵は室温にもどす。→p.9
- バニラビーンズは種子をしごき出す。
- オーブンを150℃に予熱する。

作り方

1. キャラメルソースを作る。小鍋にグラニュー糖と水を入れて中火にかけ、縁が茶色くなってきたら鍋を回しながらなじませる。さらに加熱し、焦げ茶色になったら(**a**)熱いうちに耐熱皿に流し、全体に広げる(**b**)。

2. バナナはレモン汁少々（分量外）をふって、ミキサーまたはフードプロセッサーでピューレ状にする。

3. プリン生地を作る。ボウルに卵と卵黄を入れて溶きほぐし、グラニュー糖を加えて泡立て器でよく混ぜる(**c**)。

4. 耐熱容器に牛乳と生クリーム、バニラの種子を入れ、電子レンジで40秒ほど温める。**3**に少しずつ加え(**d**)、泡立て器で混ぜる。さらに**2**を加えて混ぜ、こし器を通して耐熱皿に流し入れる(**e**)。

5. 天板に**4**を置き、湯を2cm高さ程度に注ぎ入れる(**f**)。150℃のオーブンで約40分、湯せん焼きにする。粗熱が取れたら、冷蔵庫で冷やす。このままでも、好みで無糖のホイップクリームを添えて食べても。

Banana Sweets in Europe

バナナが1本あれば I

CREAM
[バナナでクリーム]

完熟バナナ1本であっという間に作れる、保存がきき、コクのあるリッチなクリーム。そのままトーストに塗ったり、ビスケットにのせたり、またケーキに焼き込んだりと利用価値大。

BANANA + CARAMEL

キャラメルバナナクリーム

ほろ苦いキャラメルと
甘いバナナの風味がリッチなクリーム。
仕上げにラム酒をふって、甘さを引きしめて。

材料（作りやすい分量）

バナナ … 1本（正味100g）
グラニュー糖 … 50g
水 … 大さじ1
生クリーム … 100mℓ
ラム酒 … 大さじ1

作り方

1 バナナは1cm厚さの輪切りにする。

2 鍋にグラニュー糖と水を入れ、中火にかけて濃い茶色になったら1を加える。火を弱め、木べらでバナナをつぶしながら煮る。

3 生クリームを加えてとろりとするまで煮て、仕上げにラム酒をふる。

＊日持ちは冷蔵保存で約1週間。

BANANA + CHOCOLATE

チョコレートバナナクリーム

濃厚なチョコレートクリームに
優しいバナナの風味。
欧米で人気のチョコスプレッドのような
ねっとりした口当たり。

材料（作りやすい分量）

バナナ … 1本（正味100g）
生クリーム … 100mℓ
製菓用チョコレート … 80g

作り方

1 バナナは1cm厚さの輪切りにして鍋に入れ、生クリーム30mℓを加えて、中火にかける。

2 木べらでバナナをつぶしながら煮、温まったら火を止める。刻んだチョコレートを入れて溶かし、残りの生クリームを少しずつ加えて混ぜる。再度10秒ほど弱火にかけて温める。

＊日持ちは冷蔵保存で約1週間。

〈 食べ方 〉
・パンやパンケーキ、クレープに塗る。
・甘みの少ないクッキーやビスケットにのせる。
・マフィンやパウンドケーキの生地に混ぜ込む。
・ホットミルクやカフェラテに溶かして。

CREAM | JAM | DRINK

バナナが1本あれば Ⅱ

JAM
[バナナでジャム]

完熟バナナ1本であっという間に作れる、
バナナのおいしさがぎゅっと詰まった少量タイプのジャム。
冷えるともう一段階とろみがつくことを計算に入れ、好みのとろみ加減に。
甘いバナナには酸味のあるフルーツを合わせるのがポイント。

BANANA + KIWI

バナナとキウイのジャム

甘いバナナにレモン汁の代わりに
キウイで酸味をプラス。
キウイのつぶつぶの種がアクセント。

材料（2人分）

バナナ…1本（正味100g）
キウイ…1個
グラニュー糖…大さじ2

作り方

1　バナナは1cm厚さの輪切りにし、キウイは7mm角に切る。

2　ホウロウまたはステンレス製の鍋に**1**を入れ、グラニュー糖をふって混ぜ、5分ほどおく。中火にかけ、木べらでバナナをつぶしながら5分ほど煮つめる。

BANANA + ORANGE

バナナとオレンジのジャム

オレンジ果汁で、さわやかな酸味と香りをプラス。
すぐに食べないときは、
熱いうちに煮沸消毒した保存容器へ。

材料（2人分）

バナナ…1本（正味100g）
グラニュー糖…大さじ2
オレンジ果汁※…50mℓ
※市販の果汁100％の
オレンジジュースでも。

作り方

1　バナナは1cm厚さの輪切りにする。

2　ホウロウまたはステンレス製の鍋に**1**を入れ、グラニュー糖をふってあえる。中火にかけ、オレンジ果汁を加え、木べらでバナナをつぶしながら5分ほど煮つめる。

〈 食べ方 〉
- ヨーグルトやシリアルにかける。
- トーストに塗ったり、ホットケーキやパンケーキにかけたり。
- アイスクリームに添える。

Part 3

バナナの
アジアンスイーツ

Banana Sweets in Asia

素朴で飾り気がないのに、キュートな印象の
アジアンテイストのスイーツには、
東南アジア生まれのバナナがよく合います。
スイーツといっても焼き菓子に限らず、蒸す、揚げる、
冷やすなど、調理法もバラエティー豊か。
バナナは、同じ南国生まれのココナッツや黒砂糖、
ジンジャーやカルダモンといったスパイスなどと相性ピッタリ。
食べて納得、くせになるおいしさです。
また食べたくなる、どこかホッとするエキゾチックな
スイーツは、配合も作り方もいたってシンプル。
家庭で手軽に作れる、
おすすめのアジアンスイーツを紹介します。

Honey Marakao

はちみつマーラーカオ

おやつや朝食にぴったりな、バナナの存在感が際立つ中国風蒸しパン。
粉を加えたら手早く、さっくりと混ぜるとふんわりとした食感に。
生地に加えたはちみつの効果で、冷めてもしっとり感が続きます。

材料 （直径15cmの底取れ丸型1台分）

卵 … 2個
ブラウンシュガー（またはきび砂糖）… 40g
はちみつ … 40g
サラダ油 … 30ml
牛乳 … 50ml
A ｜ 薄力粉 … 110g
　　｜ ベーキングパウダー … 小さじ2/3
　　｜ ベーキングソーダ … 小さじ2/3
バナナ（完熟）… 1本（正味100g）

下準備

- 型にオーブンシートをふんわりと敷く。

作り方

1　ボウルに卵を溶きほぐし、ブラウンシュガー、はちみつ（**a**）、サラダ油を加えて泡立て器でよく混ぜる。

2　温めた牛乳を加えてさらによく混ぜ、合わせた**A**の粉類をふるいながら加え、泡立て器でさっくりと混ぜる（**b**）。

3　1cm角にカットしたバナナを加えてざっと混ぜる（**c**）。

4　型に**3**を流し（**d**）、蒸気の上がった蒸し器に入れる。水滴が落ちないようにふきんなどで包んだふたをし、中火で約40分蒸す。真ん中に竹串を刺し、生地がついてこなければ蒸し上がり。蒸し器から取り出して粗熱を取り、型からはずす。

＊蒸し器がない場合は、深めの鍋やフライパンにお湯をはって型を置き、ふきんをかませたふたをして蒸すとよい。型にお湯が入らないよう、網やお皿などで高さの調節を。

Hong Kong-style french toast with banana

香港風バナナのフレンチトースト

ピーナツバターを挟んだパンを卵液に浸して揚げ焼きにし、
シロップやコンデンスミルクをかけて食べるのが、本場香港風。
ピーナッツバターと相性抜群のバナナを詰めたフレンチトーストは、
一度食べるとやみつきになる予感。

材料（2人分）

食パン（6枚切り）… 2枚
バナナ … 1本
ピーナッツバター … 大さじ2
卵 … 1個
サラダ油 … 大さじ2〜3
ピーナッツ、コンデンスミルク … 各適量

作り方

1 バナナは7mm厚さの輪切りにし、ピーナッツバターであえる。

2 食パンの厚みの真ん中に切り込みを入れてポケット状にし（**a**）、**1**の1/2量を詰める（**b**）。

3 **2**の両面をよく溶いた卵液に浸す（**c**）。

4 フライパンにサラダ油を熱して**3**を入れ、こんがりときつね色になるまで両面をソテーする（**d**）。残りも同様に焼く。

5 斜め半分に切って器に盛り、砕いたピーナッツを散らし、コンデンスミルクをかける。

Sri Lanka-style banana cake

スリランカ風バナナケーキ

卵やバターは不使用。コクのあるブラウンシュガーで味に深みを、全粒粉で風味豊かに。
バナナ本来の甘さを生かしたシンプルな配合のケーキは、
気負わず、ワンボウルでさっと作れます。ヘルシーなのもうれしい。

材料（15×15cmの角型1台分）

バナナ（完熟）... 2本（正味200g）
ブラウンシュガー ... 80g
白ごま油（サラダ油でも）... 60mℓ
A ｜ 薄力粉 ... 150g
　｜ 全粒粉 ... 100g
　｜ ベーキングパウダー ... 小さじ1
　｜ ベーキングソーダ ... 小さじ1/2

下準備

- 型にオーブンシートを敷く。→p.9
- オーブンを170℃に予熱する。

作り方

1 ボウルにバナナを入れ、泡立て器で少し粒が残るくらいまでつぶし、ブラウンシュガーを加える（**a**）。

2 白ごま油を少しずつ加えながらハンドミキサーで2分ほど、もったりするまで泡立てる（**b**）。

3 合わせた**A**の粉類をふるいながら加えて、ゴムべらで底から大きくすくい返すようにさっくりと混ぜる（**c**）。

4 型に入れ（**d**）、表面をゴムべらで平らにならす。170℃のオーブンで約40分焼く。竹串を刺して生地がついてこなければ焼き上がり。

＊スライスしたこのケーキを軽く焼き、バターをのせて食べるのもおすすめ。ホウロウバットでも焼けます。

Banana brown sugar SATA ANDAGI
バナナの黒糖サータアンダギー

沖縄の家庭のおやつの定番、サータアンダギー。
外はサクッ、中はしっとりの生地の中に、バナナと黒砂糖を閉じ込めました。
生地が割れてきつね色になるまで、低めの温度でじっくり揚げるのがコツです。

材料（直径約5cmのもの5個分）

卵 … 1個
グラニュー糖 … 70g
A｜薄力粉 … 120g
　｜塩 … ひとつまみ
　｜ベーキングパウダー … 小さじ1/3
バター … 10g
バナナ … 1/3本
黒砂糖（塊）… 20g
揚げ油 … 適量

下準備

- バターは溶かす。→p.9

作り方

1　バナナは1cm角に切る。

2　ボウルに卵を溶き、グラニュー糖を加えて泡立て器でよく混ぜる。溶かしバターを加えて（**a**）混ぜる。

3　合わせた**A**の粉類をふるい入れ（**b**）、ゴムべらでさっくりと混ぜる。

4　**2**の生地を5等分して丸め、手のひらでつぶして広げる。真ん中にバナナ1かけと5等分した黒糖1個をのせて（**c**）包み、ボール状にする。

5　揚げ油を160℃に熱して**4**を入れ、ゆっくりと揚げる（**d**）。生地が割れて、こんがりとしたきつね色になったら引き上げて油をきる。

Banana coconut milk ice cream

バナナとココナッツミルクのアイスクリーム

トロピカルなココナッツミルクとバナナの組み合わせは相性抜群。
材料を混ぜて冷やすだけ。ねっとりとしたバナナのおかげでカチカチにかたまらない、
濃厚アイスのでき上がり。卵も生クリームも使わず、カロリーも控えめ。

材料（約3人分）

バナナ（完熟）… 2本（正味200g）
きび砂糖 … 大さじ3
メープルシロップ … 大さじ1
ココナッツミルク … 300mℓ
ピーナッツ … 少々

作り方

1　バナナ、砂糖、メープルシロップをミキサーにかけてピューレ状にしてボウルに入れる。ココナッツミルクを加えて泡立て器でよく混ぜる。

2　1をバットに流して2時間ほど冷凍庫で冷やし固める。途中で一度ミキサーにかけるか、フォークで全体をかき混ぜて空気を含ませるとよい。

3　固まったら器に盛り、砕いたピーナッツを散らす。

＊このアイスクリームは時間がたつと色が黒ずんでくるので、すぐに食べないときはミキサーにかけたバナナと砂糖、メープルシロップを一度電子レンジで加熱してから加えるとよい。

Banana & agar with apricot syrup

バナナと寒天のあんずシロップ

バナナの甘さを引き立てるのは、酸味のあるフルーツ。寒天とバナナを合わせ、
バナナの香りがする甘酸っぱいあんずのシロップ煮を汁ごとかけました。
よ〜く冷やして食べると、口の中でおいしさが広がります。

材料（3〜4人分）

バナナ... 1本
あんずのシロップ煮
　ドライあんず（小粒）... 50g
　グラニュー糖... 50g
　水... 200mℓ
寒天
　水... 300mℓ
　粉寒天... 2g
ゆで小豆... 大さじ3〜4
きんかん... 適量

作り方

1　あんずのシロップ煮を作る。小鍋にドライあんずとグラニュー糖、水を入れて弱めの中火にかけ、ふたをしてやわらかくなるまで20分ほど煮る。バナナの輪切りを加え、さっと火を通す。粗熱が取れたら、冷蔵庫で冷やす。

2　寒天を作る。鍋に分量の水と粉寒天を入れ、よく混ぜて中火にかける。沸騰したら弱火にして2分ほど煮る。粗熱が取れたら、バットなどに流して冷蔵庫で冷やし固め、固まったら約1cm角に切る。

3　器にバナナ、寒天、あんず、半分に切ったきんかんを盛り、あんずのシロップを注いで、ゆで小豆をトッピングする。

＊きんかんは、みかん、オレンジ、いちごなどの季節のフルーツに替えて。

Banana Sweets in Asia

Hong Kong-style milk pudding
香港風牛乳プリン

香港スイーツとして人気の牛乳プリンに、バナナを加えて簡単アレンジ。
上品でほんのり優しい甘さのプリンは、しょうがのさわやかな香りがアクセント。
ふわとろ食感を蒸したてあつあつで。ホッとするおいしさです。

材料（約3人分）

牛乳 … 300mℓ
卵白 … 2個分（60g）
きび砂糖 … 大さじ2
しょうがの絞り汁 … 小さじ1
バナナ … 1本

作り方

1 耐熱容器に牛乳を入れ、電子レンジで沸騰直前まで加熱する。

2 ボウルに卵白を入れて溶きほぐし、砂糖としょうがの絞り汁を加えて泡立て器でよく混ぜる。**1**の牛乳を加えて混ぜる。

3 器に細かく刻んだバナナを等分に入れ、**2**をこしながら等分に入れる。

4 **3**を蒸気の上がった蒸し器に入れる。水滴が落ちないようにふきんなどで包んだふたをし、中火で約15分蒸す。

Banana soy milk pudding

バナナ豆乳プリン

バナナと豆乳の名コンビで作る、甘さ控えめ、なめらかな口溶けのプリン。
このまま食べてもおいしいですが、黒みつやメープルシロップをかければおいしさ倍増。
固める前にバナナに火を通すと甘みが増し、変色予防にもなります。

材料 （直径7cm×高さ5.5cmのプリンカップ4個分）

バナナ（完熟）... 2本（正味200g）
水 ... 大さじ2
きび砂糖 ... 大さじ2〜3
豆乳（無調整）... 250mℓ
│ 粉ゼラチン ... 5g
│ 水 ... 大さじ1と1/2
黒みつ（市販）... 適量

下準備

- 水に粉ゼラチンをふり入れてふやかす。

作り方

1 鍋に一口大に切ったバナナ、水ときび砂糖を入れて、弱めの中火にかける。木べらでバナナをつぶしながら3、4分加熱する。

2 **1**が熱いうちにふやかしたゼラチンを加え、混ぜて溶かす。豆乳を加えてさらによく混ぜる。

3 **2**の粗熱が取れたらミキサーにかけ、型に等分に流し入れる。冷蔵庫に入れて1時間以上冷やし固める。

4 型から出して器に盛り、好みで黒みつをかける。

＊黒みつを少量手作りするなら、小鍋に黒砂糖50gと水100mℓを入れ、弱火で砂糖が溶けるまで煮て、仕上げにはちみつ小さじ1を加えて冷ます。

Banana Sweets in Asia

Banana spring rolls

バナナの春巻き

ありそうでなかった、食べやすい
一口タイプのバナナの春巻き。
包む前にバナナにコーンスターチをまぶし、
水気を閉じ込めるのが、コツ。
清涼感のあるスパイシーなはちみつソースがベストマッチ。

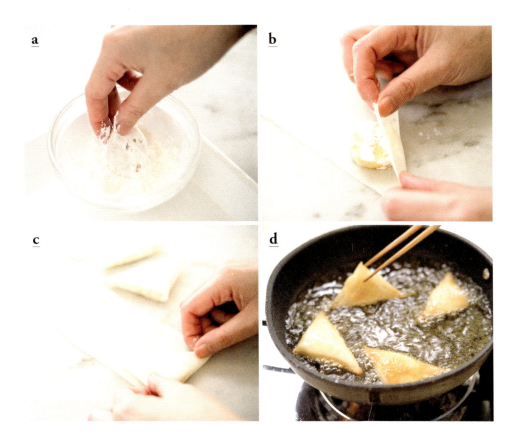

材料（6個分）

春巻きの皮（20cm角）...2枚
バナナ...1/2本
コーンスターチ...大さじ1
はちみつソース
 はちみつ...大さじ2
 カルダモン...1粒
 シナモンパウダー、ジンジャーパウダー
  ...各少々
小麦粉のり※...適量
揚げ油...適量
※薄力粉を同量の水で溶く。

作り方

1. 春巻きの皮は3等分にカットする。
2. バナナは7mm厚さの輪切りにして、コーンスターチをまぶす（**a**）。
3. 春巻きの皮に**2**を1個置き（**b**）、三角形に折りたたんで（**c**）、最後を小麦粉のりで留める。
4. 深めのフライパンに2cmほど油を入れて170℃に熱し、**3**を入れて揚げ焼きにする（**d**）。薄いきつね色になったら油をきる。
5. はちみつに刻んだカルダモン、シナモンパウダー、ジンジャーパウダーを混ぜてソースを作り、**4**に添える。

Banana Sweets in Asia

Black baked banana

真っ黒ベイクドバナナ

皮ごと真っ黒になるまで焼いた「焼きバナナ」はとろけるような舌触り。
そのうえ甘みも凝縮し、栄養価もアップ。
好みでシナモンをふったり、アイスクリームを添えても美味。

材料（1人分）
バナナ…1本

作り方

1　バナナはヘタを切り、皮に横に1本、切り目を入れる。

2　オーブントースターの天板にアルミホイルを敷いて**1**を置き、片面5分ずつの計10分、皮が黒くなるまで焼く。

＊バナナのヘタは乾燥していると焦げやすいので、切り落として。魚焼き用グリルで焼いてもOK。

バナナが1本あれば Ⅲ

DRINK
[バナナでドリンク]

まったりとしてクリーミーなバナナはお菓子に限らず、ドリンクでも活躍します。ビタミンやミネラルが豊富なので、忙しい朝のエネルギーチャージとしてもおすすめ。どれも完熟バナナ1本で作れるドリンクです。

BANANA + MILK + PEACH

バナナミックスジュース

黄桃の優しい甘みで後味もすっきり。
ゴクゴク飲めるさわやかなミックスジュースです。

材料（2人分）

バナナ（完熟）... 1本（正味100g）
牛乳 ... 200mℓ
黄桃（缶詰・半割り）... 2個
黄桃缶のシロップ... 大さじ3
氷 ... 5〜6個

作り方

すべての材料をミキサーに入れ、なめらかになるまで攪拌する。

BANANA + RASPBERRY + ORANGE
バナナベリースムージー

バナナにラズベリーやオレンジの
さわやかな酸味と彩りをプラス。
冷凍バナナで作ると、フローズンドリンクみたい。

材料（2人分）

バナナ（冷凍）…1本
ラズベリー（冷凍）…100g
オレンジのしぼり汁…200ml

作り方

すべての材料をミキサーに入れ、
なめらかになるまで撹拌する。

＊市販のオレンジジュース（果汁100％）で
作ってもよいが写真のような鮮やかな色
のドリンクには仕上がらない。

BANANA + AVOCADO
バナナアボカドスムージー

濃厚な飲みごたえで、
これ1杯でおなかも満足。
冷凍バナナで作ってもおいしい。

材料（2人分）

バナナ（完熟）…1本（正味100g）
アボカド…1/2個（正味70g）
ヨーグルト（無糖）…100g
水…150ml
メープルシロップ…小さじ2

作り方

すべての材料をミキサーに入れ、
なめらかになるまで撹拌する。

BANANA + RUM + MILK

ホットバナナラムミルク

定番のバナナミルクに
少しラム酒をきかせました。
飲むとじんわりして、体も温まります。

BANANA + SOY MILK + COCOA

ホット豆乳ココア

とろりとした飲み口のホットココア。
牛乳の代わりに、バナナと相性のいい
豆乳でヘルシーに。

材料（2人分）

バナナ（完熟）…1本（正味100g）
メープルシロップ…大さじ1
牛乳…200ml
ラム酒…大さじ1

作り方

1 バナナは1cm厚さの輪切りにし、ミキサーにかける。

2 鍋に1とメープルシロップを入れて弱火にかけ、牛乳を加えて沸騰させない程度に温める。仕上げにラム酒を加える。

＊バナナをミキサーにかけず、牛乳を加えたところでハンドブレンダーで撹拌してもよい。

材料（2人分）

バナナ（完熟）…1本（正味100g）
ココア…大さじ2
水…50ml
はちみつ…大さじ2
豆乳（無調整）…300ml

作り方

1 バナナはフォークまたはミキサーでピューレ状にする。

2 鍋にココアと水、はちみつを入れてよく練り混ぜる。1と豆乳を加え、沸騰させないように温める。

若山曜子
わかやま・ようこ

料理・菓子研究家。東京外国語大学フランス語学科卒業後、パリへ留学。ル・コルドン・ブルーパリ、エコール・フェランディを経て、フランス国家調理師資格(C.A.P.)を取得、パリのパティスリーやレストランで経験を積む。帰国後は雑誌や書籍のほか、企業のレシピ開発、お菓子・料理教室の主宰など幅広く活躍中。試作を重ね、おいしさと作りやすさを追求したレシピにファンが多い。『レモンのお菓子』(マイナビ出版)、『レトロスイーツ』(文化出版局)、『天板だけで作るケーキ』(世界文化社)、『フライパン煮込み』(主婦と生活社)など著書多数。

STAFF

調理アシスタント	細井美波　尾崎史江　櫻庭奈穂子　鈴木真代　池田愛実
撮影	馬場わかな
スタイリング	駒井京子
デザイン	髙橋朱里　菅谷真理子（マルサンカク）
編集	内山美恵子
校正	安久都淳子

[材料協力]
製菓材料通販サイト　cotta（コッタ）
https://www.cotta.jp/

[撮影協力]
UTUWA　03-6447-0070

朝食、おやつ、デザートに。
はじめてでも失敗しないかんたんレシピ
やさしいバナナのお菓子

NDC596
2019年3月14日　発　行
2023年1月15日　第5刷

著　者　若山曜子
発行者　小川雄一
発行所　株式会社 誠文堂新光社
　　　　〒113-0033　東京都文京区本郷3-3-11
　　　　電話03-5800-5780
　　　　https://www.seibundo-shinkosha.net/

印刷・製本　図書印刷 株式会社

©2019, Yoko Wakayama. Printed in Japan
本書掲載記事の無断転用を禁じます。
落丁本・乱丁本の場合はお取り替えいたします。

本書の内容に関するお問い合わせは、小社ホームページのお問い合わせフォームをご利用いただくか、上記までお電話ください。
本書に掲載された記事の著作権は著者に帰属します。これらを無断で使用し、展示・販売・レンタル・講習会等を行うことを禁じます。

JCOPY〈(一社)出版者著作権管理機構 委託出版物〉
本書を無断で複製複写（コピー）することは、著作権法上での例外を除き、禁じられています。本書をコピーされる場合は、そのつど事前に、(一社)出版者著作権管理機構（電話 03-5244-5088／FAX 03-5244-5089／e-mail:info@jcopy.or.jp）の許諾を得てください。

ISBN978-4-416-51940-0